DE LA CONDITION RÉSOLUTOIRE

DANS LES STIPULATIONS

ET DE LA

STIPULATION PRÉPOSTÈRE

PAR

CH. APPLETON
PROFESSEUR A LA FACULTÉ DE DROIT DE LYON

PARIS
L. LAROSE, LIBRAIRE-ÉDITEUR
22, RUE SOUFFLOT, 22

1879

DE LA

CONDITION RÉSOLUTOIRE DANS LES STIPULATIONS

ET DE

STIPULATION PRÉPOSTÈRE

Extrait de la *Nouvelle Revue historique de droit français et étranger.*

7497-79. — Corbeil, typ. et stér. Crété.

DE LA CONDITION RÉSOLUTOIRE

DANS LES STIPULATIONS

ET DE LA

STIPULATION PRÉPOSTÈRE

PAR

CH. APPLETON
PROFESSEUR A LA FACULTÉ DE DROIT DE LYON

PARIS
L. LAROSE, LIBRAIRE-ÉDITEUR
22, RUE SOUFFLOT, 22

1879

DE LA

CONDITION RÉSOLUTOIRE DANS LES STIPULATIONS

ET DE LA

STIPULATION PRÉPOSTÈRE

Dans les contrats consensuels et surtout dans la vente, la condition résolutoire a déjà été traitée à fond; mais les auteurs disent à peine quelques mots de cette modalité dans les stipulations. On va essayer, par cette étude, de combler en partie cette lacune et tenter en même temps la réhabilitation d'une innocente, la stipulation prépostère, victime depuis trop longtemps d'un injuste préjugé.

I

Criterium de la distinction : 1° entre la condition résolutoire et la condition suspensive conçue en sens inverse ; 2° entre la condition résolutoire et la condition extinctive.

Il importe tout d'abord, car ce sera la base de cette étude, de bien saisir la différence entre une obligation contractée sous une condition résolutoire et une obligation soumise à une condition suspensive inverse de la première.

Il est très facile de distinguer la condition résolutoire de la condition suspensive lorsque l'événement prévu dans les deux cas consiste en un même fait affirmatif, ou consiste dans les deux cas en un même fait négatif.

Pour ne pas anticiper sur la matière des stipulations, prenons nos exemples dans la vente.

1° Je vous vends ma maison si tel navire revient ;

2° Je vous vends ma maison, mais la vente sera résolue si tel navire revient.

C'est le même fait, l'arrivée du navire, qui *suspend*, dans le premier cas la naissance, et dans le second cas la résolution de l'obligation. Mais, si le fait prévu dans un cas est précisément l'inverse du fait prévu dans l'autre cas, la distinction devient plus délicate; exemple :

1° Je vous vends ma maison si tel navire revient demain ;

2° Je vous vends ma maison, mais la vente sera résolue si tel navire *ne revient pas demain.*

Ici le même fait est pris comme condition *suspensive affirmative* dans le premier cas, et comme condition *résolutoire négative* dans le second. De même encore :

1° Je vous vends ma maison si tel navire *ne revient pas demain ;*

2° Je vous vends ma maison, mais la vente sera résolue si tel navire *revient demain.*

Ici le même fait est pris comme condition *suspensive négative* dans le premier cas et comme condition *résolutoire affirmative* dans le second.

L'on a, dans les exemples qui précèdent, choisi à dessein des expressions qui ne peuvent laisser aucun doute sur la nature *suspensive* ou *résolutoire* de la condition. Mais les termes employés par les parties pourraient quelquefois faire hésiter l'interprète, en sorte qu'il devient nécessaire de rechercher un *criterium* sûr pour distinguer la condition résolutoire de la condition suspensive conçue en sens inverse.

« Entre les deux formules, dit un savant professeur d'Er-
« langen (1), il n'y a d'autre différence que celle-ci : dans le

(1) *Zur Lehre von den Nebenbestimungen bei Rechtsgeschäften von Dr Adolf von Scheurl.* Erlangen, 1871, § 29.

« cas d'une condition suspensive, ce que j'ai subordonné à « la condition, c'est la naissance du *negotium juris*, en d'au- « tres termes, ce qui dépend d'une condition, c'est le *devenir* « *efficace* de ma volonté. Dans le cas de la condition résolu- « toire, ce qui dépend d'un événement, c'est la permanence « du *negotium juris*, en d'autres termes, c'est le *rester efficace* « de ma volonté. »

Voilà le vrai *criterium*, nous n'en devons point chercher d'autre, et notamment il faut se garder de voir dans le mot *nisi*, employé par les textes, l'expression d'une condition résolutoire. Entre cette phrase : *Si navis non venerit;* et celle-ci : *Nisi navis venerit*, il n'y a pour les Romains aucune différence. Dans l'une comme dans l'autre ils voient avec raison l'expression d'une condition *suspensive négative*. Dans les deux cas le débiteur subordonne l'efficacité, *le devenir efficace* de l'obligation, à la condition que le navire n'arrive pas. Or, le *criterium* fondamental qui permet de distinguer la condition suspensive de la condition résolutoire, c'est le *criterium* que nous avons formulé avec Windscheid et Scheurl entre le *devenir* et le *rester* efficace. Au surplus, des textes formels montrent que, pour les Romains, le mot *nisi* exprime une condition suspensive négative et non une condition résolutoire (1).

En effet, *nisi* est synonyme de *si... non*. C'est ce que démontrent les deux formules de la *lex commissoria* (L. 4, *pr.* et L. 5. D. *de lege com.* 18, 3) : 1° NISI *intra certum diem pretium sit exsolutum, inemptus fieret (fundus);* 2° SI *intra certum tempus pretium solutum* NON *sit, res inempta fit*. Ces deux formules produisent absolument les mêmes effets, donc *nisi* et

(1) L. 40, § 2. D. *de cond. et dem.*, 35, 1 : « *Nihil interest utrum ita scribatur..... si mater mea moritur dato, an ita : nisi mea mater moritur ne dato; utrubique enim* SUB CONDITIONE *datum vel ademptum esse legatum. Sub conditione* signifie toujours, on le sait : *sous condition suspensive*. L. 2, pr. D. *de addict. in diem*. 18, 2 : *Si quidem id actum est, ut meliore allata conditione discedatur, erit* PURA *emptio quæ sub conditione resolvitur* (condition résolutoire) — *sin autem hoc actum est ut perficiatur emptio* NISI *melior conditio adferatur, erit* CONDITIONALIS EMPTIO. *Conditionalis emptio*, c'est-à-dire vente sous condition *suspensive*. Ainsi le : NISI *melior conditio adferatur*, constitue une condition suspensive et non une condition résolutoire ; le texte oppose même une vente faite en ces termes à la vente sous condition résolutoire dont il est question dans la première partie du fragment.

si non ont absolument le même sens ; de même la comparaison des § 27 et 34, Ulp. Règles, tit. 22, montre que le jurisconsulte emploie indifféremment les expressions *nisi* et *si non*, qu'il considère comme parfaitement équivalentes : *nisi creveris... si non creveris*. Or *si... non*, c'est une condition suspensive négative, donc il en est de même de *nisi*. En français, que vous disiez : je vous promets, si le navire n'arrive pas... ou bien : je vous promets, à moins que le navire n'arrive... il n'y a pas la moindre différence (1).

Concluons donc que l'expression *nisi* désigne une condition suspensive négative, non une condition résolutoire, et gardons-nous avec soin du premier écueil que l'on rencontre en cette matière, *la confusion entre la condition résolutoire et la condition suspensive conçue en sens inverse*. Pour qu'il y ait véritablement condition résolutoire, il faut que l'obligation actuellement pure et simple ne soit suspendue par aucune condition (positive ou négative peu importe), en un mot qu'on puisse et qu'on doive l'exécuter de suite : il faut de plus qu'on ait voulu que cette obligation, dès à présent parfaite, fût anéantie par l'arrivée d'un événement futur et incertain.

Prendre l'expression *nisi*, etc., pour une condition résolutoire, c'est précisément échouer sur cet écueil. De là vient la fausse interprétation d'un texte important parce qu'il est unique, la loi 44, § 2, D. *de Ob. et act.* 44, 7, où l'on a voulu voir à toute force une condition résolutoire. L'erreur commise a vicié dans son principe, ainsi qu'on le montrera plus loin, toute la théorie de la condition résolutoire en matière de stipulations.

(1) On pourrait multiplier les preuves : c'est ainsi, par exemple, que la *stipulatio pœnæ* s'exprime indifféremment par les mots : *si non dederis* — ou : *nisi dederis*. L. 115, pr. D. *de V. O.* 45, 1 : *Ita stipulatus sum : te sisti certo loco ;* SI NON *steteris ; quinquagenta aureos dari spondes ?* comparée aux lois 126, § 3 et 97, pr. *eodem : Te sisti, et* NISI *steteris aliquid dari ?* — *Te sisti,* NISI *steteris hippocentaurum dari ?* Il y a mieux, les Institutes (III, 19, § 19, *in fine*) ne nous présentent la *stipulatio pœnæ* que sous cette forme : NISI *dederis, tot aureos dare spondes ?* Cette clause pénale, faite pour valider indirectement une stipulation pour autrui, renferme, tout le monde en convient, une condition *suspensive* négative. S'il en est ainsi, il est clair que le : *nisi navis venerit* de la loi 44 § 2 de *O. et act.* D. 44, 7, que nous expliquons plus loin, constitue aussi une condition *suspensive* négative, et non pas une condition *résolutoire*.

Il est une autre confusion, plus périlleuse encore peut-être, parce que ses dangers sont moins apparents. Les auteurs les plus sûrs ne semblent pas avoir mis suffisamment en lumière la différence, réelle pourtant, entre la condition *résolutoire* et la condition *extinctive*. C'est par suite de cette confusion que la doctrine généralement reçue assimile les effets de la condition résolutoire à ceux du terme extinctif. Cette assimilation ne tient pas compte d'un principe fondamental, à savoir que la condition peut être soit *simplement extinctive*, soit même *résolutoire*, tandis que le terme, lui, ne saurait être qu'*extinctif* (1).

Pour bien saisir le principe que nous venons de poser, il faut se rappeler la nature et les effets du terme extinctif. Le terme extinctif (gardons-nous bien de l'appeler *résolutoire !*) est une modalité par laquelle on veut limiter à une certaine durée l'efficacité du droit constitué. En matière d'obligations ce terme est surtout usité lorsqu'il s'agit de prestations périodiques. Quand ce terme extinctif apposé à une stipulation était un terme certain, on considéra, après discussion, qu'il y avait autant de stipulations que d'annuités; quand on stipulait ainsi : « promettez-vous de me donner cent sous d'or par an pendant trois ans ? » c'était comme si l'on avait fait trois stipulations de cent sous d'or chacune à trois termes différents (L. 140, § 1, D. *de V. O.* 45. 1). Quand le terme était incertain, exemple : « *Decem aureos quoad vivam dare spondes ?* » tout le monde sait qu'il ne produisait d'effet qu'*exceptionis ope* (Inst. III, 15, § 3 (2). Voyez aussi L. 16, § 1, D. de *V. O.* 45, 1.

Cette modalité paraît avoir été peu usitée lorsque l'obligation avait pour objet un capital déterminé et non des prestations périodiques ; en effet elle est alors peu pratique. Cependant on peut supposer ceci : je stipule de vous que vous me prêterez une certaine somme si je la demande dans le délai d'un an. C'est une ouverture de crédit de la part du promettant au profit du stipulant (3),

(1) Nous laissons de côté, bien entendu, le terme suspensif.
(2) *Et pure facta obligatio intelligitur et perpetuatur, quia ad tempus deberi non potest, sed heres petendo pacti exceptione submovebitur.*
(3) En ce sens, M. Accarias, Précis, t. II, p. 274, note 1.

L'effet de l'apposition d'un terme extinctif est très simple. Par exemple, dans la stipulation : *Usque ad calendas dari spondes?* (1) il se réduit à permettre au débiteur d'opposer l'exception *pacti conventi* ou *doli mali* au créancier qui agirait après l'arrivée de ce terme extinctif. Ainsi l'obligation naît immédiatement, elle est pure et simple, le créancier peut en exiger de suite l'acquittement, et le paiement fait avant l'arrivée du terme sera irrévocable. Si au contraire le créancier laisse arriver le terme extinctif, l'obligation n'est pas à la vérité éteinte de plein droit (2), mais les choses se passent comme si au jour de ce terme le créancier avait fait avec le débiteur un pacte *de non petendo*, et par suite son action ultérieure sera repoussée par l'exception *pacti conventi*. C'est ce que nous dit Théophile III, 15, § 3 : « Promettez-vous de me « donner dix solides dans l'espace de dix ans? C'est-à-dire que « si je vous les demande dans les dix ans je les aurai, et que « si les dix ans s'écoulent sans que je vous les aie demandés, « l'action sera éteinte. »

Remarquons en terminant que ces effets, obtenus à la vérité *exceptionis ope*, sont parfaitement conformes à l'intention des parties. Le promettant a été pendant dix ans obligé de réaliser son ouverture de crédit à la première réquisition du stipulant; passé ce délai, il n'y est plus tenu, c'est ce que les parties ont voulu. Et si l'argent promis a été versé avant la fin du délai, ce versement *demeure valable et irrévocable*, sauf bien entendu le règlement entre les parties, suivant les conventions qu'elles ont pu faire et qui sont étrangères à la stipulation dont nous nous occupons.

Voilà les effets du terme extinctif.

Eh bien ! la condition, elle aussi, peut être simplement extinctive, c'est-à-dire qu'elle peut avoir pour but, non pas d'*anéantir rétroactivement* l'obligation, mais seulement de la *faire cesser*, de *l'éteindre* à partir de l'arrivée d'un événement futur et incertain; exemples : « Promettez-vous de me don- « ner cent par an jusqu'à ce que tel navire arrive ? » — « Pro-

(1) L. 44, § 1. D. *de O. et act*, 44, 7.

(2) *Nam quod alicui deberi cepit certis modis desinit deberi.... placet etiam ad tempus obligationem constitui non posse, non magis quam legatum.* L. 44, § 1. D. *de O. et act.*, 44, 7.

« mettez-vous de me prêter cent une fois à ma première ré- « quisition jusqu'à ce que Titius soit nommé consul? » Il n'est pas douteux qu'à l'arrivée de la condition le créancier, s'il voulait continuer à exiger l'annuité ou s'il réclamait la réalisation de l'ouverture de crédit, se verrait repoussé par l'exception de pacte ou de dol comme dans la stipulation : « *Decem aureos quoad vivam dari spondes?* » Mais, remarquons-le bien, tout ce qui aurait été payé *pendente conditione* aurait été valablement et irrévocablement payé. C'est bien ainsi du reste que les parties l'avaient entendu, leur volonté est respectée. Ainsi, entre les effets du *terme extinctif* et ceux de la condition *simplement extinctive*, il n'y a aucune différence lorsque la condition se réalise. Seulement, dans le terme il est certain que l'obligation s'éteindra un jour (*exceptionis ope*) tandis que l'obligation sous condition extinctive ne s'éteindra que si la condition se réalise. Dans les exemples ci-dessus, si le navire ne revient jamais, si Titius n'est jamais nommé consul, c'est une rente perpétuelle, c'est une ouverture de crédit pour une durée illimitée que je me trouverai avoir stipulées.

Voilà les effets de la condition purement extinctive. Mais la condition peut être quelque chose de plus qu'*extinctive*, elle peut être *résolutoire*, tandis que le terme, lui, ne peut être qu'extinctif. Cela veut dire que, le terme arrivé, l'obligation cesse bien d'exister, mais elle n'est pas *rétroactivement anéantie*; pendant le temps qu'elle a existé, non seulement on a pu valablement exercer la créance, mais le paiement fait demeure irrévocable, et il en est de même dans la condition simplement extinctive ; les parties ont voulu que l'obligation s'éteignît pour l'avenir à l'arrivée de l'événement, mais non pas qu'elle fût rétroactivement anéantie dans le passé.

Tout autre est la condition *résolutoire*, énergiquement exprimée par la clause : *ut fundus inemptus sit*. Cette condition n'a pas seulement des effets extinctifs, mais encore des effets *résolutoires*, c'est-à-dire, si l'on peut ainsi parler, des effets d'*anéantissement rétroactif!* Non seulement l'obligation est éteinte, mais elle est censée n'avoir jamais existé, en sorte que les choses doivent être remises dans l'état où elles se trouveraient si l'obligation n'avait pas été contractée. Il est certain en effet que, par exemple, les obligations du vendeur qui a inséré la *lex commissoria* sont, non seulement éteintes pour l'avenir, mais encore dans le passé, comme s'il n'avait jamais vendu. La chose est alors *inempta, invendita ;* la condition arrivée a détruit la vente, *conditio emptionem resolvit*, la vente est rétroactivement anéantie : *retroacta veniditio* (1).

Voilà la vraie condition résolutoire, bien différente de la condition simplement extinctive !

Ainsi donc et en résumé, il n'y a pas seulement deux espèces de conditions, il y en a trois :

1° La condition suspensive, qui suspend la *naissance* du droit ;

2° La condition extinctive qui suspend la *fin*, l'*extinction* du droit ;

3° La condition résolutoire qui suspend l'*anéantissement rétroactif* du droit.

Et maintenant que nous distinguons bien la condition résolutoire de la condition suspensive inverse ; maintenant que nous savons que le mot *nisi* exprime par lui-même une condition *suspensive négative* et non une condition résolutoire; maintenant que nous ne sommes plus exposés à confondre la condition résolutoire avec la condition simplement extinctive, nous pouvons rechercher quel était l'effet d'une véritable condition résolutoire insérée dans une stipulation.

II

Doctrine généralement reçue quant aux effets de la condition résolutoire dans une stipulation ; texte sur lequel elle s'appuie. (L. 44, § 2. D. de *Oblig. et Act.* 44. 7) — Interprétation de ce texte qui n'a point trait à la condition résolutoire.

D'après les auteurs, la condition résolutoire dans une stipulation ne produirait *ipso jure* aucun effet, seulement le créancier, agissant après son accomplissement, se verrait

(1) L. 2, § 3. D. *pro empt.*, 41, 4. L. 10, § 1. D. *de rescind. vend.*, 18, 5. L. 19. D. *de usurp.*, 41, 3.

repoussé par une exception. Ce sont, jusqu'ici, les effets du terme extinctif ; mais il y aurait cette différence, que le paiement fait *pendente conditione* pourrait, après l'arrivée de la condition, être répété par une *condictio sine causâ* par arg. de L. 1, § 2. D. *de cond. sine causâ*, 12, 7 (1), tandis que le paiement fait antérieurement à l'arrivée du terme extinctif est irrévocable. Telle est la doctrine qui paraît admise sans conteste au témoignage des savants professeurs de Paris et de leur docte collègue d'Erlangen.

Devant de si graves autorités, ce n'est pas sans de longues hésitations qu'on s'est décidé à soumettre au public les doutes qu'un examen attentif de cette matière a pu suggérer.

Nous entendons soutenir en effet que la stipulation sous condition résolutoire était *nulle* dans le droit romain classique. Pour essayer de le démontrer, il faut prouver tout d'abord que le seul texte dont on croit pouvoir faire résulter la doctrine généralement reçue est étranger à la condition résolutoire.

C'est la loi 44 § 2 *de O. et act.* D. 44-7, tirée du livre 74 de Paul *ad edictum prætoris*. Ce fragment paraît au premier abord confirmer entièrement la doctrine généralement enseignée ; il est ainsi conçu :

CONDITIO VERÒ EFFICAX EST QUÆ IN CONSTITUENDA OBLIGATIONE INSERITUR, NON QUÆ POST PERFECTAM EAM PONITUR, VELUTI : « CENTUM DARE SPONDES, NISI NAVIS EX ASIA VENERIT ? » SED HOC CASU EXISTENTE CONDITIONE LOCUS ERIT EXCEPTIONI PACTI CONVENTI VEL DOLI MALI.

Ce texte, dit-on, prouve en effet qu'après l'arrivée de la condition résolutoire la créance subsiste, mais paralysée désormais par une exception ; donc, ajoute-t-on :

1° La stipulation est valable malgré l'insertion de la condition résolutoire ;

2° Cette stipulation reste pure et simple *ipso jure*, et l'arrivée de la condition n'opère l'extinction de la créance qu'*exceptionis ope*.

(1) *Sive fuit causa quæ finita est... dicendum est condictioni locum fore.* Scheurl, *op. cit.*, § 29. Bufnoir, *Théorie de la condition*, p. 126 et s. Accarias, Précis, II, p. 302.

Quant à l'hypothèse où le créancier agirait avant l'arrivée de la condition résolutoire, ajoute-t-on dans ce système, le jurisconsulte ne la prévoit pas (1). Mais les principes généraux montrent que le débiteur forcé de payer *pendente conditione* pourra, la condition arrivée, répéter par une *condictio sine causâ* son paiement devenu dès lors sans cause.

Le fragment de Paul confirmerait en effet les deux propositions des savants auteurs qui le citent, s'il était vrai de dire :

1° Que Paul y prévoit l'hypothèse d'une condition résolutoire ;

2° Que la condition est insérée dans la stipulation même.

Or il semble possible de démontrer :

1° Qu'il ne s'agit ici nullement d'une condition résolutoire, mais bien d'une condition *suspensive négative*, ce qui est tout l'opposé, comme on a essayé de l'expliquer au début de cette étude ;

2° Que cette condition suspensive négative, loin d'avoir été insérée dans la stipulation (ou dans un parti adjoint *in continenti*, ce qui reviendrait au même dans l'opinion de Paul, L. 40 D. *de reb. cred.* 12, 1), ne l'a été que dans un pacte adjoint *ex intervallo*, ce qui produit encore des effets bien différents.

1° Et d'abord, qu'il s'agisse ici d'une condition suspensive négative, c'est ce qui ne soulèvera guère de doute après les explications données ci-dessus sur la portée de l'expression *nisi*.

Qu'il nous suffise de rappeler que *nisi* signifie tout simplement *si non*, et que quand Ulpien veut citer un exemple de vente faite sous condition suspensive négative, et l'*opposer* à la vente sous condition résolutoire, il emploie précisément une formule comprenant ce mot *nisi* : « *Ut perficiatur emptio nisi melior conditio adferatur.* » (L. 2 *pr. de addict. in diem.* D. 18, 2, voyez aussi *suprà*, p. 3, note 1). Au reste, Scheurl a

(1) Notons en passant que cela est bien singulier ! Comment ! Paul ne prévoit pas l'hypothèse qui se réalisera presqu'à coup sûr, car l'obligation étant pure et simple, le créancier ne manquera pas de se faire payer tout de suite, tandis que le même jurisconsulte se préoccupe de l'hypothèse bien improbable où le créancier se serait amusé à attendre l'arrivée de la condition qui doit paralyser son droit ! (Voyez p. 14 et 15).

parfaitement compris que les termes du fragment révélaient une condition suspensive négative plutôt qu'une condition résolutoire :

« Dans cette loi », dit-il (*op. cit.*, § 29), « la condition *nisi* « *navis ex Asiâ venerit* est prise dans le sens d'une condition « résolutoire, alors qu'*en vérité* (*in der That*) elle aurait dû « bien plutôt être comprise ainsi : *Si navis non venerit* », (c'est-à-dire comme condition suspensive négative).

Pourquoi donc veut-il à toute force y voir une condition résolutoire ? C'est parce que le jurisconsulte affirme que la condition est ici inefficace *ipso jure* ; donc, dit Scheurl, il ne peut s'agir d'une condition *suspensive* négative, toute condition suspensive étant pleinement efficace *ipso jure*. « Dans « notre espèce, si l'expression « *nisi venerit* » équivalait à « *si* « *non venerit* », le navire une fois arrivé, le débiteur repous- « serait le créancier sans avoir besoin d'exception, puisqu'il « n'est débiteur que si le navire n'arrive pas : *si non venerit*. « Or le texte nous montre que le débiteur aura besoin d'une « exception : donc « *nisi venerit* » n'est pas ici synonyme de « *si non venerit* ». Donc, ce n'est pas d'une condition suspen- « sive négative qu'il s'agit ici, mais d'une condition résolu- « toire, bien que *nisi venerit* ne désigne habituellement qu'une « condition suspensive négative. »

Tel est le raisonnement de Scheurl (1) et il serait concluant si notre condition suspensive — car c'est bien d'une condition suspensive négative qu'il s'agit — se trouvait insérée dans la stipulation même (*in constituendâ obligatione*), où elle serait efficace *ipso jure*. Mais, bien loin de là, notre condition a été ici ajoutée après coup à une stipulation déjà parfaite, *post perfectam obligationem*, comme le dit l'élégante concision du texte ; en un mot les parties ont essayé de rendre conditionnelle, par un pacte conclu *ex intervallo*, une stipulation primitivement pure et simple.

2° L'interprétation généralement donnée de la L. 44 § 2, D. *de O. et act.* 44, 7, contient donc une seconde erreur, en ce qu'elle voit dans ce texte une condition insérée dans la stipulation même. *Or le jurisconsulte suppose précisément le*

(1) Paraphrasé, bien entendu : le génie de notre langue ne permet pas ici de serrer de près le texte allemand.

contraire! La condition, dit-il, n'est pas efficace (*ipso jure*), parce qu'elle n'a pas été apposée *in constituendâ obligatione*, mais *post perfectam obligationem*. Il s'agit d'une stipulation : or, quand l'obligation contractée par stipulation est-elle *perfecta?* Quand le débiteur a répondu à l'interrogation, pas avant! Donc la condition apposée *post perfectam obligationem* est celle ajoutée après que le débiteur a répondu : *spondeo ;* c'est celle qui a été insérée dans un pacte adjoint *post perfectam obligationem*, après que la stipulation est devenue parfaite par la réponse du débiteur, en un mot dans un pacte adjoint *ex intervallo* (1). Si cette condition avait été insérée dans la stipulation même ou dans un pacte adjoint *in continenti* ce serait évidemment une condition *quæ in constituendâ obligatione inseritur ;* or le jurisconsulte nous dit expressément que telle n'est pas la condition qu'il suppose : celle qu'il prévoit est, dit-il, apposée *post perfectam obligationem*.

Ainsi, c'est après la stipulation faite que les parties,

(1) Notez bien qu'un pacte fait une minute après la stipulation n'en est pas moins un pacte *ex intervallo* du moment *qu'il change quelque chose à la volonté qu'avaient les parties en stipulant.* Si, au contraire, il ne fait qu'expliquer cette volonté, que corriger l'obscurité ou l'inexactitude des termes dont on s'est servi en stipulant, c'est un pacte fait *in continenti*, puisque l'accord de volontés qui constitue le pacte existait au moment même du contrat : peu importe que cet accord n'ait été exprimé qu'un peu plus tard, car ce n'est pas cette expression qui constitue le pacte. En pratique, il est vrai de dire qu'en cas de doute on attribuera ce sens purement explicatif à tout pacte exprimé immédiatement après le contrat. Voyez L. 3. C. *de Æd. act.* 4, 58. L. 27, C. *de Pactis*, 2, 3. L. 4, § 3 *de Pactis*, D. 2, 14, et Basil. 23, 1, 42, Sch. 1. Mais au point de vue de la théorie de deux choses l'une :

1° Ou l'accord de volontés existait au moment même de la stipulation, *in constituenda obligatione*, et alors il sera révélé, soit par les termes même de la stipulation, soit par une clause *explicative* que l'on y ajoutera et qui constituera un pacte fait *in continenti* ;

2° Ou bien l'accord de volontés sur le point objet du pacte n'existait pas lors de la stipulation, et, dans ce cas, le pacte qui intervient est évidemment fait *ex intervallo, post perfectam obligationem*, peu importe que ce soit *paulo post* ou *multo post*. Ces notions, que la raison suffirait à établir, résultent aussi des textes. Ulpien nous dit (L. 7 § 5, *de pactis* D. 2, 14.) : *Ea enim pacta insunt quæ legem contractui dant, id est quæ in* INGRESSU *contractus facta sunt.* Et Stéphane, dans sa judicieuse scholie sur la loi Lecta, (40 D. *de reb. cred.* 12, 1. Basiliques 23, 1. 42. Sch. 1), ajoute : Τῶν πάκτων τά μέν ἔστιν ἐξ κοντινέντι, τοῦτ' ἔστιν ἐν ἀρχῇ γίνονται τοῦ συναλλάγματος, τὰ δέ ἐξ ἰντερβάλλο, τοῦτ' ἔστι μετὰ τὸ συνάλλαγμα; c'est-à-dire : *Pacta quædam in continenti, id est* IN INITIO CONTRACTUS *fiunt, quædam autem ex intervallo, id est* POST CONTRACTUM.

voulant la modifier, y ont ajouté le : *nisi navis ex Asiâ venerit*, ce qui, comme nous le savons, équivaut absolument à : *si navis non venerit*, (*nisi* = *si non*) ; c'est-à-dire : nous convenons (pacte adjoint *ex intervallo*) que la stipulation que nous venons de faire et que nous avions voulu faire pure et simple, sera subordonnée à la condition que le navire n'arrivera pas (1).

Reste une dernière objection. Dans l'exemple donné par Paul : (*Centum dare spondes, nisi navis ex Asiâ venerit*), il semble bien au premier abord que la condition est insérée dans la stipulation même. Nous adopterions, s'il le fallait, la correction proposée par Mommsen : (*Digesta hoc loco*) qui a parfaitement senti ce que la leçon des florentines a de choquant. Déplaçant l'exemple, il propose de lire : *conditio vero efficax est quæ in constituendâ obligatione inseritur, veluti : « centum dare spondes nisi navis ex Asiâ venerit », non quæ post perfectam eam ponitur, sed hoc casu etc.* L'exemple se rapporterait ainsi au cas de condition insérée *in constituendâ obligatione* et non à celui où elle intervient *post perfectam obligationem* (2). Cela cadrerait sans doute bien mieux avec les expressions de Paul et cette correction est très probablement juste ; mais nous n'en avons pas besoin, parce qu'il est aussi clair que le jour :

1° que la condition insérée *in constituendâ obligatione* est celle exprimée dans la stipulation même, ou dans un pacte

(1) Scheurl avoue qu'on peut trouver étonnant que Paul désigne l'opposition entre la condition suspensive et la condition résolutoire en disant de la première : « *in constituenda obligatione inseritur* », et de la seconde : « *post perfectam obligationem ponitur* » (*op. cit.* § 29). L'explication qu'il tâche de donner de cette singularité est aussi embarrassée que peu satisfaisante. La première impression du savant professeur a été de douter qu'il y eût dans ce texte une condition résolutoire. Il a eu tort de se défier de ce premier mouvement, c'était le bon !

(2) Voici les deux leçons comparées phrase par phrase :

FLORENTINES :	MOMMSEN :
Conditio vero efficax est	*Conditio vero efficax est*
quæ in constituendâ obligatione inseritur	*quæ in constituendâ obligatione inseritur*
non quæ post perfectam eam ponitur	*veluti : Centum dare spondes nisi navis ex Asiâ venerit,*
veluti : Centum dare spondes nisi navis ex Asiâ venerit.....	*non quæ post perfectam eam ponitur.....*

adjoint *in continenti*, qui, d'après Paul, est censé faire partie de la stipulation (L. 40. D. *de reb. cred.* 12. 1) ;

2° Que la condition apposée *post perfectam obligationem* est celle ajoutée par un pacte conclu *ex intervallo* (1).

La première produit son effet *ipso jure*, la seconde ne peut valoir qu'*exceptionis ope ;* voilà ce qu'affirme Paul, et contre une doctrine aussi nette et aussi judicieuse le doute que peut faire naître la formule trop concise de l'exemple qu'il a choisi ne saurait prévaloir (2).

Cela posé, le sens de la loi 44 § 2 D. *de O. et act* 44. 7 devient très net. Une stipulation pure et simple a été faite, les parties ont voulu ensuite subordonner l'obligation à la condition suspensive de la non-arrivée d'un navire (*nisi navis venerit*) ; donc de trois choses l'une :

1° Le navire n'arrive pas ; la condition se réalise, alors le créancier peut agir ;

2° Le navire arrive ; puisque le débiteur n'est obligé que si le navire n'arrive pas, le créancier agissant se verrait repoussé par une exception, c'est ce que dit le jurisconsulte ;

3° Le créancier veut agir *pendente conditione*, quid ? Le jurisconsulte ne prévoit pas cette hypothèse. Dans le système que nous exposons ici, c'est tout simple comme nous allons le voir tout à l'heure. Mais dans le système que nous combattons et qui voit dans le texte de Paul l'hypothèse d'une condition résolutoire insérée dans la stipulation même, comment expliquera-t-on que le jurisconsulte n'ait pas prévu le cas où le créancier agirait avant la condition résolutoire accomplie ? S'il eut dû en prévoir un, c'est certes celui-là ! Car, dans ce système, l'obligation étant pure et simple même *jure prætorio* jusqu'à l'arrivée de la condition résolutoire, le créancier pourrait et devrait

(1) Voyez p. 12, note 1.

(2) Remarquons au surplus que dans les nombreuses formules de stipulation que nous fournissent les textes, le mot *spondes* se trouve pour ainsi dire toujours (je ne connais qu'une exception : L. 129. D. de *V. O.* 45, 1) à la fin de la phrase quelque longue qu'elle soit. Voyez L. 140, pr. L. 134, § 1 et 3. D. *eodem*. On peut donc dire que dans l'exemple donné par Paul la stipulation se termine au mot *spondes :* « *Centum dare spondes* », — et que ce qui suit : « *Nisi navis ex Asiâ venerit* » n'a été ajouté qu'après, c'est-à-dire dans un pacte *ex intervallo*.

agir tant que cette condition résolutoire ne s'est pas accomplie. Comment ! le créancier pourrait se faire payer de suite, on l'admet, et le jurisconsulte ne nous en dit rien ! Il ne se demande pas non plus si, dans ce cas, le débiteur forcé de payer ne pourrait pas répéter après l'arrivée du navire, son obligation étant alors résolue ! En vérité, le silence de Paul sur tous ces points serait inexplicable (1) !

Ce silence s'explique fort bien au contraire dans le système que nous exposons. Paul ne prévoit pas l'action du créancier avant la condition arrivée ou défaillie, par la raison toute simple que le créancier se gardera bien d'agir avant cette époque. En effet, il s'agit, disons-nous, d'une condition *suspensive* négative ajoutée par un pacte *ex intervallo* à une stipulation qui avait été faite pure et simple; si donc le créancier agissait avant la condition accomplie, il agirait au mépris du pacte qu'il a conclu, il serait repoussé par une exception et, ce qui est bien pis, *il aurait épuisé son droit*, en sorte qu'il ne pourrait plus renouveler le procès (2), même dans le cas où la condition se réaliserait (le navire n'arrivant pas : *si navis non venerit*), cas où il aurait pu agir efficacement s'il avait eu la patience d'attendre jusque-là : en sorte que pour s'être trop pressé il perdrait tout espoir de jamais toucher sa créance. On comprend très bien que Paul n'ait pas cru nécessaire de prévoir le cas où le créancier tiendrait une conduite qui le mènerait fatalement à la perte de sa créance éventuelle; tranchons le mot, une conduite aussi inepte (3) !

(1) Voyez p. 10, note 1.

(2) Car, ne l'oublions pas, il agirait en vertu d'une stipulation pure et simple, en vertu d'un droit *existant hic et nunc ipso jure* (quoique paralysé par une exception temporaire tant qu'on ignore le sort du navire, perpétuelle après son arrivée à bon port.)

(3) Une objection grave en apparence, peu sérieuse en réalité, serait celle-ci : S'il s'agit d'une condition suspensive comme nous la soutenons, comment se fait-il que Paul dise : *existente conditione locus erit exceptioni...?* il aurait dû dire : *deficiente conditione*, car l'arrivée d'une condition suspensive affermit définitivement l'obligation, loin de la paralyser ! La réponse est facile. La condition, ne perdons pas cela de vue, est insérée non dans la stipulation mais dans un pacte postérieur. L'effet de ce pacte sera de donner une exception perpétuelle au débiteur; mais cette exception perpétuelle ne lui compétera que si.... Voilà pourquoi Paul a pu et dû dire : *Existente conditione (pacti* sous entendu), *locus erit exceptioni pacti con-*

Ainsi donc et en résumé, nous croyons que l'interprétation généralement donnée à la loi 44 § 2 D. de *O.* et *Act.* 44. 7. renferme une double erreur :

1° En ce qu'elle voit une condition résolutoire là où il n'y a qu'une condition supensive négative ;

2° En ce que, d'après elle, la condition que le jurisconsulte déclare inefficace *ipso jure* serait insérée dans la stipulation même, tandis que Paul dit expressément que celle-là seule est inefficace *ipso jure* qui est insérée *post perfectam obligationem*, c'est-à-dire évidemment dans un pacte adjoint *ex intervallo*.

Mais le texte ne tranche nullement la question de savoir quels sont les effets d'une véritable condition résolutoire insérée dans une stipulation ; il est entièrement étranger à cette difficulté.

Il faut pourtant la résoudre !

Eh bien, l'introduction d'une véritable condition résolutoire dans une stipulation avait pour effet, dans le droit classique, *d'annuler entièrement cette stipulation.*

Nous essayerons de démontrer cette proposition de deux manières :

1° En expliquant que, par suite de la nature strictement unilatérale de la stipulation, il n'était pas possible en droit romain de faire produire à la stipulation sous condition

venti..., etc. Cette objection écartée, il est bon de remarquer que notre pacte produit en tous cas un effet, celui d'empêcher toute poursuite *pendente conditione* (exception temporaire). Il ressemble tout à fait à celui dont il est question dans la loi 56 D. *de cond. indeb.* 12, 6 (voyez p. 21, note 2) : « *Ne conveniatur (debitor) donec Titius consul fiat.* » Les effets de ce dernier pacte sont : 1° d'accorder un terme au débiteur jusqu'au moment où l'incertitude cessera (exception temporaire) ; 2° de lui donner à ce moment une exception perpétuelle si la condition à laquelle est subordonné ce pacte *de non petendo* se réalise. Notre pacte de la loi 44 § 2 n'étant efficace qu'*exceptionis ope*, on doit par suite l'assimiler à un pacte *de non petendo* conditionnel.

Maintenant, qu'on ne vienne pas alléguer qu'une stipulation pure ayant été faite, puis un pacte *de non petendo* conditionnel, on se trouve dès lors en présence d'une obligation sous condition résolutoire, au moins *jure prætorio*. Appliquons en effet ici notre criterium. L'obligation est-elle susceptible d'exécution immédiate ? Le créancier peut-il agir avant l'arrivée ou la défaillance de la condition ? Non ! Donc la condition n'est pas résolutoire, mais suspensive. La forme importe peu ; *potius id quod actum quam id quod dictum sit sequendum est !*

résolutoire des effets conformes à l'intention des parties et à la teneur même de la stipulation ; que dès lors, il valait mieux l'annuler entièrement ;

2° En montrant l'identité de la stipulation sous condition résolutoire et de la stipulation prépostère qui, on le sait, était nulle dans le droit classique.

Ces deux points feront l'objet des deux dernières parties de cette étude.

III

A l'époque classique la stipulation sous condition résolutoire était *nulle*. — Pourquoi les contrats consensuels pouvaient-ils au contraire recevoir cette modalité ?

Prenons d'abord des exemples : Promettez-vous de me donner cent, étant bien entendu que la stipulation sera censée n'avoir pas été faite si...? Promettez-vous de me donner cent sesterces qui pourtant seront censés n'avoir jamais été stipulés si...?

Spondes ne mihi dare centum, ita tamen ut pecunia stipulata non habeatur si...? ou bien : ... *ita tamen ut pecunia stipulata non sit si navis venerit* (1)?

Voilà des formules qu'il est impossible de confondre avec celles contenant une condition suspensive inverse de la condition résolutoire ci-dessus, formules dont voici le type : *Spondes ne mihi dare centum nisi* (c'est-à-dire *si non*) *navis venerit ?*

Eh bien ! la stipulation sous condition résolutoire était nulle. Et pourquoi ? Ce n'est pas à cause de la subsistance *ipso jure* de l'obligation après l'arrivée de la condition, puisque ce résultat fâcheux est aisément prévenu par un remède prétorien. C'est qu'il y avait un inconvénient que tous les expédients du Préteur étaient impuissants à pallier. En effet, si le débiteur eût payé pendant que la condition résolutoire

(1) Nous imaginons des formules analogues à celles des conditions résolutoires de la vente : *Ita tamen ut fundus inemptus sit si..., ut res invendita fieret si...*

était en suspens (et il pouvait y être contraint, puisque jusque-là l'obligation reste pure et simple), *il n'aurait eu aucune action pour répéter ce paiement après l'arrivée de la condition résolutoire*, ce qui eût été manifestement contraire à l'intention des parties, à la teneur même de la stipulation, puisqu'on a voulu que l'obligation fût censée n'avoir pas été contractée si le navire arrivait. Le débiteur, disons-nous, n'aurait eu aucune action en répétition. En effet, il n'aurait pu invoquer ni la *condictio sine causâ*, ni l'action *præscriptis verbis*, ni la *condictio indebiti*, ni aucune autre action !

Il n'a pas la *condictio sine causâ*. Cette action est donnée, à la vérité, dans le cas où l'on a payé en vertu d'une cause *quæ finita est* (L. 1 § 2. D. *de cond. sine causâ* 12.,7). Mais l'arrivée de la condition résolutoire, quoique anéantissant rétroactivement le consentement, ne peut pas annuler l'efficacité du *germe* de l'obligation, germe qui, dans la stipulation, *n'est pas le consentement*, mais bien les paroles solennelles : VERBA. L'obligation née *verbis* peut bien mourir, devenir *extincta*, mais non devenir *finita*, c'est-à-dire s'anéantir rétroactivement (1), car rien ne peut faire que les *Verba* n'aient pas été prononcés et prononcés de manière à créer une obligation. Pour bien comprendre cette raison qui rend impossible ici la *condictio sine causâ*, il faut se rendre un compte exact de la différence qui existe, au point de vue de la condition résolutoire, entre les stipulations et les contrats consensuels.

Dans les contrats consensuels la condition résolutoire peut opérer entièrement, parce que le consentement, la volonté qui est la *seule base*, la seule cause efficace de l'obligation, peut se détruire elle-même entièrement, soit après coup, *rebus integris*, soit *a fortiori* par avance. Elle peut faire que son efficacité juridique se produise tout de suite, puis qu'elle soit rétroactivement anéantie si tel événement arrive, car elle n'est soumise naturellement qu'aux règles qu'elle s'impose elle-même. La volonté créatrice d'obligations peut donc opérer tout ce qu'elle veut, tout, excepté empêcher un fait

(1) L'auteur du fragment précité, Ulpien, prend bien le mot *finita* dans le sens d'anéantissement rétroactif, puisque c'est lui qui nous dit (L. 4. *pr. de lege commis.* D. 18, 3) : *Et quidem finita est emptio...*

matériel d'avoir existé; mais quant à son efficacité juridique, fait intellectuel, elle peut en faire d'avance tout ce qui lui plaît, et notamment l'anéantir entièrement et rétroactivement. Voilà la puissance de la volonté lorsqu'elle est la *seule* cause efficace de l'obligation : dans les contrats consensuels en un mot !

Dans la stipulation, au contraire, on a fini sans doute par tenir compte de l'intention des parties (L. 83, § 1 L. 137, § 1. D. *de V. O.* 45.1). Mais ce consentement, cette volonté, n'est pas ici la source de l'obligation; sa cause efficace ce sont les paroles solennelles : *Verba.* Dès lors, il est clair que la volonté ne peut pas se mouvoir ici avec la même liberté que dans les contrats consensuels dont elle forme la seule base. Lorsque je prononce des *Verba* qui ont pour effet de m'obliger immédiatement, rien au monde ne peut faire que cette obligation n'ait pas existé, parce que rien ne peut faire que les *Verba* n'aient pas été prononcés. Rien au monde, disons-nous, pas même la clause que le consentement sera réputé n'avoir pas été donné si tel événement arrive, car le consentement est ici chose accessoire, et cette déclaration de volonté ne saurait effacer un fait matériel, la prononciation des *Verba.* Le consentement sans doute a dû exister à ce moment, mais il n'est nécessaire que comme un moule est nécessaire pour donner une forme au métal ; le consentement c'est le moule dans lequel vous avez jeté les *Verba* matière de l'obligation ; détruisez le moule maintenant, vous ne détruirez pas l'objet moulé! Lorsqu'au contraire la matière qui forme l'obligation c'est le consentement, la seule volonté, cette volonté maîtresse d'elle-même peut s'anéantir par avance dans un cas donné; alors la matière même de l'obligation est détruite, il ne reste plus rien de ce fait intellectuel qui s'évanouit, et avec lui s'anéantit l'obligation que seul il soutenait! Ainsi l'arrivée de la condition résolutoire ne peut, en matière de stipulation, abolir rétroactivement l'obligation ; rien ne peut donc l'empêcher d'avoir existé lorsque le paiement a été effectué, et dès lors la translation de propriété opérée par le débiteur n'a pas été faite *sans cause,* voilà pourquoi la *condictio sine causâ* est ici impossible.

Mais ne pourrait-on pas voir dans le transfert de propriété accompli par le débiteur sous condition résolutoire un *contrat innommé : do, ut reddes* si la condition résolutoire se réalise, et donner l'action *præscriptis verbis ?*

Non ! et pour les mêmes raisons ! Il n'est pas exact de dire que le débiteur a transféré la propriété de la chose due *pour qu'on la lui retransférât* si la condition résolutoire se réalisait ; il a transféré la propriété *pour accomplir son obligation* alors pure et simple — pas pour autre chose. Si l'on donne l'action *præscriptis verbis* au vendeur sous condition résolutoire, c'est que son obligation de vendeur étant rétroactivement anéantie, le transfert de propriété qu'il a effectué ne peut plus avoir eu pour cause l'acquittement d'une obligation dont il est censé n'avoir jamais été tenu et dès lors il faut : — ou déclarer ce transfert de propriété opéré sans cause, ce qui lui procurerait la *condictio sine causâ* — ou bien dire qu'il a transféré pour qu'on lui rendît si... ce qui ouvre l'action *præscriptis verbis.*

Quant au *promettant* sous condition résolutoire, rien ne peut faire (comme nous l'avons montré) qu'il n'ait pas été obligé au temps où il a payé, rien ne peut effacer rétroactivement l'obligation basée sur la prononciation des *Verba;* dès lors le transfert de propriété qu'il a effectué a eu une cause que rien ne peut faire disparaître, il a payé pour payer, non pour qu'on lui retransférât la propriété, et les mêmes raisons qui l'empêchent d'exercer la *condictio sine causâ* doivent lui faire refuser l'action *præscriptis verbis.*

D'autre part, faire naître du contrat intervenu *inter partes* une action en restitution au profit du débiteur, c'est impossible, puisque c'est une stipulation, contrat strictement unilatéral et dont il ne peut découler des obligations qu'au profit du stipulant, jamais à sa charge. C'est pour cela surtout que la stipulation sous condition résolutoire n'est pas possible en droit romain. Toute condition résolutoire suppose, en effet, que le créancier s'oblige à quelque chose (à restituer si la condition se réalise) ; voilà pourquoi la condition résolutoire inadmissible dans la stipulation, contrat strictement unilatéral, est au contraire si fréquente dans les contrats consensuels qui tous sont ou peuvent être synallagmatiques.

Celui qui devient créancier pouvant très bien devenir débiteur en vertu du même contrat, rien ne s'oppose dès lors à ce qu'il devienne créancier sous condition résolutoire.

Ainsi le débiteur par stipulation qui réclame la restitution ne peut invoquer ni la *condictio sine causâ* ni l'action *præscriptis verbis*, ni une action née du contrat.

Aurait-il pu, une fois la condition résolutoire accomplie, intenter la *condictio indebiti?*

Pour le soutenir on pourrait peut-être raisonner ainsi : « sans doute la condition résolutoire dans les stipulations ne « saurait produire d'effet *ipso jure*, mais elle vaudra au moins « comme pacte *de non petendo* conditionnel : vous me pro- « mettez, mais je vous libère si la condition résolutoire s'ac- « complit. »

Réponse : Pour avoir droit à la *condictio indebiti* il faut évidemment (1) que celui qui l'intente eût pu se refuser à payer (2).

(1) Sans parler des autres conditions et notamment de l'erreur qu'il serait difficile de voir dans le fait de celui qui acquitte une obligation sous condition résolutoire.

(2) Cela est si vrai qu'en cas de pacte *de non petendo* subordonné à une condition suspensive, les Romains permettent au débiteur de refuser le paiement *pendente conditione*, ou d'intenter la *conditio indebiti* s'il avait payé par erreur (L. 56. D. *de condictione indebiti* 12, 6). Nous ne pouvons donner ici l'explication de ce texte déjà analysé (p. 16, note), mais il en résulte certainement, comme le dit avec raison M. Accarias (Précis, t. II, p. 587, note 1) que la *condictio indebiti* est donnée toutes les fois que le débiteur paie nonobstant une remise dont l'effet est encore suspendu par une condition. Cette solution n'est guère conforme, il faut l'avouer, à l'intention des parties. Lorsque votre dette est conditionnelle, vous ne devez pas payer *pendente conditione*, donc à l'inverse vous devriez payer lorsque c'est votre libération qui est conditionnelle. Si les Romains ont donné cette solution que Papinien déclare conforme à la plus haute raison (*summa ratione dicetur*), c'est qu'ils ne pouvaient faire autrement. S'ils avaient forcé le débiteur libéré conditionnellement à payer *pendente conditione*, ils n'auraient pas pu lui donner la *condictio indebiti* une fois la condition accomplie, car cette action n'appartient qu'à celui qui eût pu se refuser à payer ; il fallait donc la lui donner tout de suite, ou jamais.

On n'en était pas réduit là au cas de legs de libération conditionnel : l'héritier pouvait, *pendente conditione*, forcer le légataire à payer, ce qui aboutissait à refuser à ce légataire la *condictio indebiti* même après la condition accomplie. Mais cela ne lui causait aucun préjudice, parce qu'il lui restait la *condictio ex testamento* par laquelle il réclamait ce qu'il avait payé. Dans l'hypothèse d'un pacte *de non petendo* conditionnel au contraire, refuser la *condictio indebiti* au débiteur, c'eût été le laisser sans ressource (*ex pacto actio non nascitur*), et pour lui accorder cette *condictio* il fallait nécessairement lui permettre de refuser tout paiement *pendente conditione*.

Or notre débiteur sous condition résolutoire aurait-il pu se refuser à payer *pendente conditione?*

Si l'on répond non, on lui refuse par là même la *condictio indebiti*.

Si l'on répond oui, si l'on permet au débiteur de repousser le créancier agissant pendant que la condition résolutoire est en suspens, alors on dénature entièrement la volonté des parties et les termes mêmes de la stipulation sous condition résolutoire. Ce que les parties ont voulu, ce qu'elles ont expressément stipulé, c'est un paiement immédiat. Rappelons-nous en effet le criterium que nous avons adopté au début de cette étude pour distinguer la condition résolutoire de la condition suspensive conçue en sens inverse. Par la condition résolutoire on veut affecter non pas la naissance de l'obligation, mais sa permanence; on veut qu'une obligation actuellement formée, actuellement efficace, susceptible d'exécution immédiate, soit *anéantie* par l'arrivée d'un événement. Eh bien, si telle est la nature de la condition résolutoire, m'empêcher d'agir avant la défaillance de cette condition résolutoire, c'est transformer cette condition de résolutoire qu'elle est en une condition suspensive inverse (1), c'est, comme nous l'avons dit, dénaturer l'intention des parties et la teneur même de la stipulation !

Résumons-nous :

Il n'y avait en droit romain aucun moyen de faire produire à la stipulation sous condition résolutoire des effets conformes à la volonté des parties et à sa teneur même. Si l'on forçait le débiteur à payer *pendente conditione*, ce que les parties avaient voulu, on ne trouvait alors aucune action à lui donner pour lui permettre de répéter après la condition résolutoire accomplie, ce qui violait l'intention des parties et les termes de la stipulation.

Si, pour éviter cet inconvénient, l'on interdisait au

(1) Si l'on commettait cette faute, la stipulation : « Promettez-vous de me donner cent, étant entendu que la stipulation sera censée n'avoir pas été faite si tel navire ne revient pas ? » (Condition résolutoire négative), cette stipulation, disons-nous, équivaudrait exactement à celle-ci : « Promettez-vous de me donner cent si tel navire revient? » (Condition suspensive affirmative), ce qui serait précisément confondre la condition résolutoire avec la condition suspensive inverse.

créancier d'agir *pendente conditione*, en considérant la condition résolutoire comme équivalant à un pacte *de non petendo* conditionnel, alors, tombant de Charybde en Scylla, on dénaturait encore et la volonté des parties qui avaient voulu l'exécution immédiate, et les termes de la stipulation désormais transformée en stipulation sous condition suspensive inverse !

Pour éviter cette inévitable violation de la volonté des parties et de la teneur de la stipulation, les Romains n'avaient plus qu'une ressource : prendre un parti héroïque et annuler la stipulation en se fondant sur ce qu'il y avait une contradiction absolue entre les termes dans lesquels elle était conçue et le résultat qu'elle pouvait produire !

Eh bien, c'est ce parti là qu'ils ont pris tout d'abord ; ils ont annulé la stipulation sous condition résolutoire. La solution radicale l'a donc emporté à l'époque classique, mais cette victoire n'a pas été définitive.

Justinien (1) préféra la solution qui, dénaturant l'intention des parties, corrigeant les termes qu'elles ont employés, transforme la stipulation sous condition résolutoire en une

(1) Cet empereur nous apprend (Inst. III, 19, § 14 et L. 25, C. *de Testamentis*, 6, 23) que Léon, par une constitution qui s'est perdue, avait déjà abrogé « *præposteri reprehensionem in dotalibus instrumentis* ». De là plusieurs questions que les textes laissent sans réponse : 1° Pourquoi Léon n'avait-il fait porter sa réforme que sur la matière de la dot ? 2° Maintenait-il l'exécution immédiate, ou bien la reportait-il après l'arrivée de la condition, comme le fait Justinien ?

Nous croyons que la constitution de Léon n'avait qu'une portée fort restreinte et qu'elle s'appliquait à l'hypothèse prévue par Théophile (III, 19, § 14). Un mari promet à sa femme de lui restituer sa dot quand elle mourra (peut-être Théophile a-t-il mal lu, l'hypothèse serait bien plus vraisemblable s'il y avait : quand *il* mourra), si elle meurt sans enfants. Raisonnant subtilement, on aurait pu dire (comme l'indique Théophile) : la restitution doit avoir lieu au moment précis de la mort : or, ce n'est qu'après la mort qu'on pourra savoir si elle est morte sans enfants, l'événement de la condition est donc postérieur à l'exécution de l'obligation, ce qui rend la stipulation prépostère, partant nulle.

Si telle était l'hypothèse sur laquelle Léon avait statué, il avait eu certes bien raison de valider la stipulation, car elle n'avait vraiment rien de prépostère, l'instant de l'arrivée de la condition et le moment de l'exécution étant au fond simultanés (la mort de la femme). La stipulation était au contraire véritablement prépostère si, comme nous le conjecturons, la restitution de la dot devait se faire au décès du mari prémourant, si la femme mourait après lui sans enfants.

stipulation sous la condition suspensive contraire, en supprimant ce qui constitue *l'élément essentiel* de la condition résolutoire, c'est-à-dire l'efficacité immédiate, l'exécution immédiatement possible. Telle a été sur cette matière la marche du droit romain, car (et c'est ce qui achèvera, nous l'espérons du moins, de démontrer la nullité de la stipulation sous condition résolutoire dans le droit classique), car, disons-nous, la stipulation affectée d'une véritable condition résolutoire n'est autre chose en droit romain que la stipulation prépostère.

IV

La stipulation prépostère n'est qu'une stipulation sous condition résolutoire.

Avant d'essayer cette démonstration, il faut rappeler encore une fois combien il importe de ne pas confondre la condition résolutoire avec la condition suspensive conçue en sens inverse. La distinction sera quelquefois difficile à faire en pratique, mais en théorie le criterium est très simple. Tout dépend, comme nous l'avons vu, de l'intention des parties révélée par les termes dont elles se sont servi. Ont-elles seulement voulu créer un lien destiné à devenir efficace si... condition suspensive. Ont-elles entendu créer un lien immédiatement efficace mais destiné à s'anéantir si.... condition résolutoire.

L'exécution immédiate, voilà le symptôme caractéristique de la condition résolutoire.

Or, si les parties ont expressément stipulé un paiement immédiat, il ne pourra plus s'élever le moindre doute sur la nature de la condition, et, quels que soient les termes employés, nous serons en présence d'une condition résolutoire !

Peu importent les termes... ainsi, par exemple, si l'on a dit : « Promettez-vous de me donner cent *aujourd'hui,* mais « la stipulation sera anéantie si le navire ne revient pas « d'Asie demain ? » ; la stipulation est évidemment sous condition résolutoire. Mais on aurait pu faire exactement la même stipulation, affectée de la même modalité, en employant d'autres termes et en présentant sous une forme affirmative le fait résolutoire, c'est-à-dire la non-arrivée du navire : on eût pu dire par exemple : « Promettez-vous de « me donner cent *aujourd'hui*, étant bien entendu pourtant « que votre obligation ne sera valable que si le navire re- « vient d'Asie demain? » Cette formule équivaut absolument à la précédente : en effet c'est toujours la même stipulation pure et simple de cent, sous la même condition résolutoire *de la non-arrivée du navire.* On pourrait même s'exprimer plus brièvement et dire : « Promettez-vous de me donner cent *aujourd'hui* si tel navire revient d'Asie demain ? *Si navis cras ex Asiâ venerit, hodie dare spondes?* En effet, c'est toujours la même stipulation pure et simple, qui pourtant ne doit rien valoir si le navire ne revient pas ; en d'autres termes subordonnée à la condition résolutoire de la *non-arrivée du navire !*

Mais précisément la formule que nous venons d'employer (*Si navis cras ex Asiâ venerit, hodie dare spondes ?*) est textuellement celle de la stipulation prépostère ! (Inst. III. 19, § 14.)

Et en effet dire : « Je promets de donner cent *aujourd'hui*, « mais cette promesse sera non avenue si le navire ne revient « pas demain », ce qui constitue une stipulation sous condition résolutoire, c'est absolument comme si l'on disait : « Je promets de donner cent *aujourd'hui*, si le navire re- « vient demain ».

C'est la même chose, disons-nous, car :

1° Les deux stipulations portent l'engagement de payer immédiatement ;

2° Les deux stipulations sont destinées à être radicalement inefficaces si le navire ne revient pas.

Donc les deux stipulations sont identiques au fond; la forme seule, négative dans l'une, affirmative dans l'autre, est différente. Or, la première est évidemment faite sous condition résolutoire; donc la seconde, la stipulation prépostère, est aussi une stipulation sous condition résolutoire.

Au surplus cela saute aux yeux, car, d'une part la stipulation prépostère est une stipulation conditionnelle : (*Si navis cras ex Asiâ venerit*...), et, d'autre part, la condition est résolutoire puisque cette stipulation veut une exécution immédiate, et que précisément c'est l'*exécution immédiate* qui forme le criterium par lequel on peut distinguer la condition résolutoire de la condition suspensive conçue en sens inverse.

Cela posé, nous arrivons à un syllogisme dont la conclusion est évidente si la majeure est juste :

La stipulation prépostère n'est qu'une stipulation sous condition résolutoire;

Or les jurisconsultes classiques annulaient la stipulation prépostère;

Donc ils annulaient aussi la stipulation sous condition résolutoire!

Et pourquoi annulaient-ils la stipulation prépostère? Précisément à cause de l'élément qui en fait une stipulation sous condition résolutoire, à cause de l'exécution immédiate qu'elle comporte (1). Or l'exécution immédiate, c'est le signe distinctif de la condition résolutoire.

C'est à raison de cette exécution immédiate qu'ils la considéraient comme faite à rebours, comme *prépostère* en un mot, c'est-à-dire comme mettant devant ce qui devait être derrière. Elle mettait devant le paiement, c'est-à-dire elle voulait un paiement immédiat, bien que l'obligation fût exposée à ne pas exister ; or, si le paiement ne peut être refusé *pendente conditione*, le débiteur n'aura aucune action pour répéter. Le paiement immédiat étant inconciliable avec la possibilité d'une répétition, c'est-à-dire avec l'effet résolutoire, il y avait donc contradiction entre les termes de la stipulation et les effets qu'elle pouvait produire. Ainsi,

(1) Cela résulte d'abord de ce que Théophile le dit expressément (Paraphrase III, 19, § 14). « La stipulation est inutile », dit-il, « parce qu'il ne « faut pas que la *datio* soit antérieure à l'événement de la condition, mais « bien postérieure. » Cela résulte encore de la Loi 64. *D. de V. O.* 45. 1. Ce texte suppose que l'on a promis de donner dix par an *à partir d'aujourd'hui*, si Titius devient consul. Trois ans après il est élu ; on devra payer *alors* les trois années échues. Donc, ce qui annule la stipulation prépostère, ce n'est pas de s'obliger *à partir d'aujourd'hui*, pour le cas où la condition se réaliserait, mais bien le fait d'exécuter de suite. Enfin, c'est si bien l'exécution immédiate qui a fait annuler la stipulation prépostère, que Justinien, pour la valider (L. 25, *C. de Testamentis*, 6, 23), ne trouve rien de mieux que de retrancher l'exécution immédiate.

comme nous l'avons vu, l'on était en présence d'un dilemne : ou faire produire à cette stipulation, contrairement à sa teneur même, les effets d'une stipulation sous condition suspensive, ou l'annuler entièrement. Les jurisconsultes romains avaient pris sagement ce dernier parti : ils annulaient la stipulation sous condition résolutoire ; telle est la conclusion à laquelle nous étions déjà arrivés dans la troisième partie de cette étude.

Ainsi donc la stipulation prépostère n'est qu'une stipulation sous condition résolutoire et c'est pour cela qu'on l'annule.

Réciproquement la stipulation sous condition résolutoire est véritablement prépostère. Voilà pourquoi les textes du Digeste ne nous citent aucun exemple de stipulation sous condition résolutoire ; elle aurait été nulle, on se gardait donc de l'employer.

Les auteurs n'ont pas ménagé à cette malheureuse stipulation prépostère la sévérité des épithètes ; on l'a qualifiée de *bizarre* et de *peu pratique*. Ces censures sont-elles méritées?

Bizarre.... est-elle plus bizarre que tout autre engagement sous condition résolutoire, la *lex commissoria*, l'*addictio in diem*... etc? La jurisprudence romaine a pu sans doute, raisonnant avec rigueur, déclarer que la condition résolutoire n'était pas compatible avec un contrat strictement unilatéral et dont les paroles solennelles formaient la base bien plus que le consentement. Mais il n'y avait rien de *bizarre* sans doute à désirer élargir cette notion un peu étroite, et à essayer, par une formule ingénieusement conçue, de faire produire à la stipulation un engagement sous condition résolutoire ! C'est précisément ce qu'ont tenté, croyons-nous, quelques praticiens de Rome. Pour échapper à la nullité qui frappait la stipulation sous condition résolutoire, ils ont essayé d'arriver au même résultat en déguisant cette modalité prohibée sous la forme licite d'une condition suspensive combinée avec l'exécution immédiate. De la sorte ils assuraient l'action en répétition qui doit appartenir au débiteur, le cas échéant, puisqu'il se trouvait ainsi avoir acquitté une obligation qui n'était jamais née, rien n'empêchait plus alors de lui ouvrir la voie de la *condictio sine causâ* ou de l'action *præscriptis verbis* en considérant qu'il avait donné sans cause ou pour qu'on lui rendît si..... On ne pouvait plus dire en effet qu'il avait donné pour exécuter son obligation, puisque cette obligation (subordonnée à une condition suspensive défaillie) n'avait jamais existé, puisqu'elle n'était jamais *née* (Comparez p. 18-21). Dès lors, ne pouvant employer la formule : « *spondes ne dare hodie, ita tamen ut pecunia stipulata non sit si* « *navis cras non venerit?* » où la condition résolutoire se montre ouvertement, ils ont essayé d'arriver au même résultat en disant : « *Spondes ne dare hodie, si navis cras* « *venerit?* »; ils ont imaginé la stipulation prépostère ! Leur ingénieux artifice, digne peut-être d'un meilleur sort, n'a pas réussi.....: Il n'a pas suffi à la condition résolutoire d'arborer les couleurs de la condition suspensive pour mener la stipulation à bon port; sous ce faux pavillon l'œil vigilant des jurisconsultes a su découvrir la modalité de contrebande; ils ont annulé la stipulation prépostère parce qu'ils y ont reconnu l'existence d'une condition résolutoire.

Peu pratique..... le reproche est-il mieux mérité ? Ne peut-il pas être très utile de contracter un engagement unilatéral sous condition résolutoire? Voilà un mari, par exemple, qui promet à sa femme la restitution de la dot à l'époque de sa mort à lui mari, si après son décès la femme meurt elle-même sans enfants (stipulation prépostère). Cela équivaut à dire: la restitution aura lieu à la mort du mari, mais elle sera résolue si la femme, mourant ensuite, laisse des enfants (Comparez p. 23, note 1 *in fine*). On pourrait citer d'autres exemples (1). Si la stipulation prépostère ne s'était pas rencontrée assez souvent en pratique, comment expliquer qu'elle ait fait l'objet d'une novelle de Léon, d'un paragraphe aux Institutes et d'une constitution (L. 25, C. de testamentis, 6. 23) au Code de Justinien?

Cet empereur la valide, non seulement en matière de dot, mais encore dans les contrats et dans les testaments ; il veut seulement que l'exécution ne puisse avoir lieu avant l'arrivée de la condition : il efface donc le mot *hodie* de la stipulation. Ainsi, lorsqu'on aura stipulé en ces termes : « *Si navis cras ex*

(1) Faire, par une seule stipulation, une donation à cause de mort sous condition résolutoire.

« *Asiâ venerit, hodie dare spondes?* » l'exécution immédiate est retranchée, c'est comme si l'on avait dit : « *Si navis cras ex Asiâ venerit, cras dare spondes?* Mais c'est là dénaturer la volonté des parties, c'est transformer la condition résolutoire en une condition suspensive conçue en sens inverse. En effet, dire que l'on promet de payer aujourd'hui si le navire revient d'Asie demain, cela équivaut à contracter une obligation pure et simple destinée à s'évanouir pourtant si le navire ne revient pas : en un mot une obligation subordonnée à la condition résolutoire de *la non-arrivée* du navire : *obligatio pura, quæ resolvitur si navis non venerit.* Eh bien ! Justinien la transforme en une obligation subordonnée à la condition *suspensive* de l'arrivée du navire ; je serai obligé, *si navis cras venerit!*

Pourquoi l'empereur a-t-il ainsi dénaturé l'intention des parties, pourquoi n'a-t-il pas validé la stipulation prépostère dans sa forme et teneur, c'est-à-dire comme stipulation sous condition résolutoire ?

Les développements qui précèdent répondent peut-être à cette question. Nous avons reconnu en effet (p. 23 et 27) que les jurisconsultes classiques s'étaient vus placés entre deux solutions dont il fallait nécessairement choisir l'une — annuler la stipulation — ou la fausser ; ils avaient préféré l'annuler entièrement. Justinien, repoussant cette annulation, se trouva naturellement entraîné vers l'autre branche du dilemne ; il faussa la stipulation.

Pourquoi toutes ces difficultés ? La grande raison, la voici : la condition résolutoire, impliquant une obligation éventuelle de restitution à la charge du créancier, ne peut absolument pas produire ses effets naturels dans un contrat strictement unilatéral comme la stipulation.

CORBEIL. — Typ. et stér. de CRÉTÉ.

CORBEIL, typ. et stér. de CRÉTÉ.

www.ingramcontent.com/pod-product-compliance
Ingram Content Group UK Ltd.
Pitfield, Milton Keynes, MK11 3LW, UK
UKHW020458230726
13925UKWH00005B/2019